BEI GRIN MACHT SICH
WISSEN BEZAHLT

- Wir veröffentlichen Ihre Hausarbeit,
  Bachelor- und Masterarbeit

- Ihr eigenes eBook und Buch -
  weltweit in allen wichtigen Shops

- Verdienen Sie an jedem Verkauf

Jetzt bei www.GRIN.com hochladen
und kostenlos publizieren

Bibliografische Information der Deutschen Nationalbibliothek:

Die Deutsche Bibliothek verzeichnet diese Publikation in der Deutschen National-bibliografie; detaillierte bibliografische Daten sind im Internet über http://dnb.d-nb.de/ abrufbar.

Impressum:

Copyright © 2016 GRIN Verlag, Open Publishing GmbH
Druck und Bindung: Books on Demand GmbH, Norderstedt Germany
ISBN: 9783668544567

Dieses Buch bei GRIN:

http://www.grin.com/de/e-book/377068/der-aufstieg-der-east-india-company-zur-territorialmacht-und-die-buerde

Robert Gregorio Lukacs

Der Aufstieg der East-India-Company zur Territorialmacht und die Bürde der Diwani von Bengalen

GRIN Verlag

GRIN - Your knowledge has value

Der GRIN Verlag publiziert seit 1998 wissenschaftliche Arbeiten von Studenten, Hochschullehrern und anderen Akademikern als eBook und gedrucktes Buch. Die Verlagswebsite www.grin.com ist die ideale Plattform zur Veröffentlichung von Hausarbeiten, Abschlussarbeiten, wissenschaftlichen Aufsätzen, Dissertationen und Fachbüchern.

Besuchen Sie uns im Internet:

http://www.grin.com/

http://www.facebook.com/grincom

http://www.twitter.com/grin_com

Einleitung

Indien bildete ein Machtfaktor während der Ära des europäischen Kolonialismus. Wer Indien beherrschte, regierte über ein Fünftel der damaligen Weltbevölkerung. Nicht nur die menschlichen Ressourcen in Form von gewaltigen Armeen und Bauern standen zur Verfügung. Das Eldorado fanden die Briten nicht in Form von verborgenem Gold in den Dschungeln von Südamerika, sondern in Indien mit seinen riesigen Mengen an Menschen und Land, das den solange herbeigesehnten finanziellen und steuerlichen Segen bringen würde. Die Grossmächte rissen sich um dieses Potenzial. Die Portugiesen waren die ersten, die Handelsschiffe zur Neuentdeckung von Land und zu Gründungen von Kolonien rüsteten. Die Spanier wollten kürzere Handelsrouten nach Indien finden und entdeckten durch Zufall Amerika. Die Holländer verwalteten bereits dutzende von befestigten Anlagen in Indien und die Franzosen hatten sich durch geschickte Politik grossen Einfluss in Indien erarbeitet. Den unbedeutenden Briten der East India Company schenkte man keine Beachtung. Welche Umstände ermöglichten der englischen East-India-Company aber ab Mitte des 18. Jahrhunderts de facto eine Alleinherrschaft auf dem indischen Subkontinent zu etablieren? Wie konnten sie sich als Aussenseiter gegen die mächtigeren portugiesischen, holländischen und französischen Indien-Gesellschaften behaupten? Welche historischen Prozesse führten schliesslich dazu, dass die Company zur indischen Territorialmacht aufstieg? Wie wirkte die duale Funktion eines profitorientierten Handelsunternehmens und eines expansiven militärischen Verwaltungsapparates auf die Struktur der Company aus und wie prägte die Bürde der Diwani den späteren Verlauf der Company? Ich habe meine Arbeit in drei Teile geteilt. Im ersten Teil gehe ich auf die Geschichte des Mogulreiches ein und wie es zerfiel. Im zweiten Teil gehe ich auf die Handelsaktivitäten der East India Company ein, wie sie sich gegen die mächtigen Handelsrivalen hatte durchsetzen können und wie sie den Aufstieg zur Territorialmacht gemeistert hatte. Im dritten Teil untersuche ich, welche Auswirkungen der Aufstieg zur Territorialmacht auf die Company und seine Umgebung zur Folge hatte.

1. Indien, ein Land fremder Invasoren

Die Invasion eines externen Herrschers vom Westen kommend, der in Indien eindrang und die Armee der herrschenden Zentralgewalt besiegte, bildete ein prägendes Merkmal der Entstehung von Reichen und Staaten in Indien.[1] In der Geschichte Indiens errichteten fremde Invasoren ihre Reiche auf dem Trümmerhaufen der vorangegangenen Reiche. Diese Umwälzungen der Dynastien und Herrscher führten dazu, dass sich kein einheitliches Staatsgebilde herausbilden konnte. Immer war die herrschende Zentralgewalt von einer innerlichen und äusserlichen Instabilität bedroht. Herrscher kamen, eroberten in einem kriegerischen Akt Gebiete Indiens und manifestierten ihre Herrschaft, bis sie vom nächsten Invasor gestürzt wurden. Das Mogulreich selbst wurde im Rahmen einer kriegerischen Auseinandersetzung gegründet, in der sich schliesslich der Feldherr und erste Grossmogul Indiens Banibur durchsetzen konnte und die Armee des Sultans von Delhi schlug. Sein Mogulreich errichtete er auf den Fundamenten des Reiches des Sultans. Dieses kriegerische Schauspiel bildete ein bekanntes historisches Muster, das sich alle paar Jahrhunderte in Indien wiederholte. Mit dieser umstürzlerischen Konstante war es eine Frage der Zeit, bis der nächste fremdländische Herrscher in Indien eindringen, das Mogulreich auseinanderbrechen und seine Herrschaft etablieren würde.

Der Anfang des Zerfalls des Mogulimperiums kann auf das Jahr 1707 gesetzt werden, als der Grossmogul Aurangzeb starb, unter dessen Herrschaft das bereits seit 180 Jahre bestehende Mogulreich seine grösste Ausdehnung erfahren hatte. Sein Tod beschleunigte den Loslösungsprozess vieler Mogulprovinzen. Unabhängige Territorialstaaten entstanden wie Awadh, Hyderabad und Bengal, die in ihrer Grösse und Einwohnerzahl den europäischen Staaten glichen. Neue Herrscherfamilien stiegen auf wie die Marathen, der Nizam von Hyderabad, die Mysoren und die Nayaka warlords.[2]

Die Zersplitterung des Mogulreiches befand sich [3] im Jahr 1739 schon in einem fortgeschrittenen Stadium. Das Mogulimperium des Muhammad Shah stand einer gewaltigen Armee des persischen Herrschers Nadir Shah im Nordwesten gegenüber. Die Truppen des Moguls erlitten eine schwere Niederlage gegen den persischen Herrscher. Sie besetzten Delhi und richteten ein grausames Massaker in der Hauptstadt an. 30'000 Menschen kamen ums

---

[1] Im Jahr 1526 vernichtete der Feldherr Barbur aus Afghanistan die Armee des Sultans von Delhi bei Pānīpat.
[2] Tirthakar Roy, The East India Company, the World's Most Powerful Corporation, Penguing Books, India 2012, S.155.
[3] Je nach Zersplitterungstyp kann der Anfangspunkt des Niedergangs des Mogulreiches verschieden gewählt werden. Verschiedene Historiker haben letzteren auf verschiedene Jahreszahlen der ersten Hälfte des 18. Jahrhunderts gesetzt, wobei Stig Förster hier die Jahreszahl 1739 mit der Schlacht von Karnal gewählt hat. Michael Mann setzte ihn zum Beispiel auf das Jahr 1757, wo die Briten Kalkutta zurückeroberten und der Grossmogul Bengalen den Briten zuschlug.

Leben und Schätze und Reichtümer im Wert von rund einer Milliarde Rupien wurden von den Persern geplündert. Diese Schlacht bei Karnal und die Katastrophe von Delhi beschleunigten den Zerfall des bereits schwächelnden Mogulreichs.[4]

Der Tod Aurangzebs und die verheerende Niederlage bei Karnal bildeten den idealen Nährboden für die Machtetablierung eines neuen fremdländischen Herrschers oder einer neuen indischen Familiendynastie.[5]

2. Indien, der Tumultplatz europäischer Kolonialmächte

2.1 Die Briten als Aussenseiter in Indien

Unter einer Reihe sehr fähiger Herrscher hatte sich das Mogulreich zu einem ausgedehnten und starken Gebilde in Indien entwickelt, das erst Anfangs 18. Jahrhundert zu schwächeln begann. Das gewaltige Mogulimperium finanzierte sich über die Besteuerung der Landwirtschaftserträge. Für europäische Verhältnisse stellten die Summen aus den Erträgen exorbitante Zahlen dar. Indien bestand anfangs 18. Jahrhundert aus rund 180 Millionen Menschen und deckte rund einen Fünftel der damaligen Weltbevölkerung ab. Die Einnahmen aus solchen Erträgen bildete die Grundlage für das weitverzweigte Mogulimperium, auf dessen Steuerreichtum es die Handelsmächte abgesehen hatten. Den Fernhandel überliess das Mogulreich den europäischen Handelsgesellschaften wie der Französischen, der Portugiesischen, der Holländischen und der Englischen, die so auf dem Subkontinenten Fuss fassen konnten.[6] Das Treiben der Europäer beschränkte sich damals noch lediglich auf den Handel mit Gewürzen und Textilen. Imperiale Vorstösse erwogen die Engländer nur einmal zwischen 1688 und 1691, die nach einer niederschmetternden Niederlage gegen die Streitkräfte des Aurangzebs schnell wieder beendet waren.

Das schwächelnde Mogulreich trat dennoch Schritt für Schritt seine Kompetenzen und Machtanteile an lokale indische Provinzreiche ab, meistens Gouverneure oder Generäle, die sich zu verselbständigen begannen. Die aufkeimende und um sich schlagende Rivalität in den verfeindeten Provinzreichen gefährdete die Handelsniederlassungen der Europäer und zwang die East Indie Company, erneut Pläne über die eigene militärische Sicherheit in Betracht zu

---

[4] Die grösste Ausdehnung erfuhr das Mogulreich unter seinem Herrscher Aurangzeb Ende des 17. Jahrhunderts.
[5] Stig Förster, Die mächtigen Diener der East India Company, Ursachen und Hintergründe der britischen Expansionspolitik in Südasien 1793-1819. Franz Steiner, Stuttgart 1992, S. 43.
[6] Nur mit Mühe war es den Briten gelungen in Indien Fuss zu fassen. Die aufgrund eines Freibriefs von Königin Elisabeth II gegründete Gesellschaft hatte zwar Handelsprivilegien vom Grossmogul erhalten 1602. Erst 1612 aber nach erbitterten Auseinandersetzungen mit den Portugiesen, konnten die Briten jenes Privileg auch ausüben. In Madras konnte auch erst 1640 Handel getätigt werden, da sich die widerspenstigen Holländer den englischen Handelsprivilegien nicht beugen wollten.

ziehen, da auch der durch den Mogulimperator garantierte vertragliche Schutz zu bröckeln begann.[7]

Ein allfälliger Aufstieg zur Provinzmacht oder Territorialgewalt der East India Company schien anfangs 18. Jahrhundert noch unvorstellbar. Vor der englischen East India Company war die holländische Ostindiengesellschaft die erfolgreichste in Indien tätige Handelsmacht. Sie verfügten über eine gewaltige Handelsflotte und hatten schon früh Bündnisse mit den lokalen indischen Herrschern geschlossen. Im Gegensatz zu den konservativen Portugiesen, die sich nur auf den königlichen Pfefferhandel konzentrierten, hatten sich die Holländer erfolgreich in anderen Handelsbereichen wie dem Textil-, Seide und dem Gewürzhandel etabliert und in allen Bereichen den Portugiesen das Monopol abgejagt. Imperiale Bestrebungen hegten die Holländer ebenfalls.[8]

Zu den mächtigen Holländern gesellten sich später die wirtschaftlich erfolgreichen Franzosen, die einen kometenhaften Aufstieg ihrer Indiengesellschaft erleben durften. Wirtschaftlich war die East-India-Company von der Compagnie Perpetuelle des Indes bereits 1751 und 1754 überholt worden. In Südindien baute sich die französische Compagnie perpetuelles des Indes zu einer Übermacht aus, die durch die geschickte Diplomatie des Gouverneurs Dupleix von Pondichéry viele indische Verbündete gewinnen und ertragreiche Verträge hatte abschliessen können. Die Briten hingegen wurden von den holländischen Vertretern der Verenigde Oostindische Compagnie aufgrund des für die Kriegswirtschaft wichtigen Salpeterhandels immer wieder in ein Abhängigkeitsverhältnis heruntergedrückt [9] und standen im wirtschaftlichen und militärischen Schatten der Franzosen.

Druck kam auch von indischer Seite. Die lokalen Herrscher wie der Nawab von Bengalen Alivardi Khan und sein Nachfolger Siraj-Ud-Daulah und bengalische Kaufleute machten den Briten politisch zu schaffen, da es aufgrund von Zahlungsverzögerungen und der Missachtung bestimmter indischer Gepflogenheiten immer wieder zu Reibereien zwischen Briten und indischen Fürsten kam. Militärisch waren die Briten ebenfalls nicht in der Lage, mit den gewaltigen Armeen der indischen Fürsten mitzuhalten. In Anbetracht der mächtigen Gegner der Company mag es erstaunen, dass zwanzig Jahre später die Company nicht nur alle

---

[7] Peter Wende, Das britische Empire, Geschichte eines Weltreichs, C.H.Beck, München 2008, S.145-146.
[8] Dietmar Rothermund, An Economic History of India, From Pre-Colonial Times To 1991. Routledge, London and New York 1993. S.12.
[9] Nur über die Vermittlung der Holländer kamen die Briten an das wertvolle Schiesspulver heran, deren Kriegswirtschaft nun stark von den Holländern abhing

europäische Konkurrenten ausschalten, sondern sich auch noch als neue Zentralmacht in Indien aufschwingen würde.[10]

2.2 Der Krieg mit den Franzosen

Der Wendepunkt des Aufstiegs der Company erfolgte während den Auseinandersetzungen mit den Franzosen im Rahmen des österreichischen Erbfolgekriegs von 1740-1748 und des Siebenjährigen Kriegs von 1756-1763. Jene verursachten eine Reihe von Umwälzungen, die das politische Machtgefüge in Indien dauerhaft veränderten.

Die mächtigen Franzosen mit ihren zwei ausnahmslos fähigen Politikern Dupleix und La Bourdonnais dominierten die politische Landschaft in Indien. Streitigkeiten unter den indischen Fürsten brachen zu dieser Zeit aus. Die Nayakas, die Marathen und die unabhängigen Staaten Bijapur und Golkonda stritten sich alle um die Vorherrschaft im Karnatengebiet. Nach Ausbruch des österreichischen Erbfolgekrieges ergriffen die Engländer und Franzosen die Möglichkeit, auch in Indien ihre Interessen kriegerisch durchzusetzen. Der Krieg endete 1748 in einem Desaster für die Briten, in dessen Verlauf sie ihre führende Handelsstation wie Madras verloren und zahlreiche militärische Niederlagen gegen die Franzosen einstecken mussten.[11]

Die zweite Auseinandersetzung setzte kurz nach dem Ende des Österreichischen Erbfolgekrieges 1748 ein. Ein Erbfolgestreit war in Indien ebenfalls ausgebrochen und Engländer wie Franzosen wählten ihre indischen Schützlinge. Muhammad Ali wurde von den Engländern und Chanda Sahib, der Thronrival Alis von den Franzosen unterstützt. Als Gegenleistung erwarteten beide Seiten von den indischen Fürsten Steuerprivilegien. Schon hier tat sich eine Schere zwischen den Direktoren an der Leadenhall Street und den Company-Angestellten vor Ort auf. Während Erstere darauf beharrten, Verwicklungen jeglicher Art in indische Angelegenheiten zu vermeiden, nutzten die örtlichen federführenden Company-Angestellten die Gunst der Stunde, um eigenmächtig politischen Einfluss auf die indische Machtpolitik auszuüben. Dieses zweite kriegerische Aufeinanderprallen mit den Franzosen ging als der Zweiter Karnaten-Krieg in die Geschichte ein. Zwar gingen die Franzosen diesmal als Verlierer vom Schlachtfeld, aber zu einer Verschiebung des Machtgefüges kam es nicht. Der Konflikt bewirkte indessen, dass die Company militärische Wesenszüge anzunehmen begann. Ironischerweise dachten Dupleix und die Franzosen, dass gerade dieser

---

[10] Michael Mann, Bengalen im Umbruch, die Herausbildung des britischen Kolonialstaates 1754-1793. Franz Steiner Verlag, Stuttgart 2000. S.41-50.
[11] Tirthakar Roy, The East India Company, the World's Most Powerful Corporation, Penguing Books, India 2012, S.158-159.

Strukturwandel zu teuren Unternehmungen führen und schliesslich im Bankrott der Company enden würde.[12] Der Siebenjährigen Krieg verstärkte diesen Strukturwandel.

3.3 Der Aufstieg der Briten zur Territorialmacht

3.1 Britische Dominanz dank französischem Modell

Die Scharmützel und Konflikte im Ohio-Tal zwischen englischen Siedlern und französischen Händlern läuteten den Beginn des Siebenjährigen Krieges von 1756-1763 ein, der von Historiker gelegentlich auch als Weltkrieg bezeichnet wird. In Europa ging es um die Vormachtstellung in Mitteleuropa und in den Kolonien, um die Kontrolle der Handelsrouten und Monopole. Franzosen wie Engländer schmiedeten Pläne mit den europäischen Fürstenhäuser und den indischen Herrscherdynastien. In der ersten Hälfte des Krieges führten die Franzosen über die stark in Bedrängnis geratenen Briten.

Die Grundlage des militärischen und politischen Erfolges der Briten in Indien lieferten paradoxerweise die Franzosen selber. Dupleix hatte es gekonnt verstanden, mit den indischen Herrschern Bündnisse zu schmieden. Eine Zeitlang besassen die Franzosen Madras, besetzten Hyderabad und schafften es sogar, indirekte Kontrolle über das Reich des Nizams auszuüben. Die Basis für den politischen Erfolg der Franzosen bildete das Militär. Aufgrund der kleinen Anzahl Franzosen in Südindien liess Dupleix indische Söldner nach europäischem Muster drillen und ausbilden. Das Resultat waren schlagfertige Sepoy-Infanterieeinheiten, denen die Briten anfangs nichts entgegenzusetzen hatten. Bis in die 1750er Jahren agierten die Franzosen erfolgreiche mit dieser Politik.[13] Die Franzosen zeigten, dass jene Sepoy-Einheiten wie europäische Söldner gedrillt und eingesetzt werden konnten. Die Briten lernten jedoch schnell von Dupleix und fingen an, selber Sepoy-Einheiten aufzustellen. Militärisch sassen sich bald zwei ebenbürtige Kontrahenten gegenüber. Die überlegene britische Kriegsflotte brachte schliesslich den entscheidenden Schlag und beendete die Herrschaft der Franzosen in Indien mit der Einnahme Pondicherys 1761.[14]

---

[12] Der Briefwechsel Dupleix dokumentierte folgendes: „The English Company is bound to die out. It has long been in an impecunious condition, and what it had to is credit has been lent tot he King, whose overthrow is certain... Mark my words."

[13] Tirthakar Roy, The East India Company, the World's Most Powerful Corporation, Penguing Books, India 2012, S.161.

[14] Stig Förster, Die mächtigen Diener der East India Company, Ursachen und Hintergründe der britischen Expansionspolitik in Südasien 1793-1819. Franz Steiner, Stuttgart 1992, S. 56.

Die Franzosen hatten der East-India-Company damit das Rezept zum Erfolg geliefert, denn die riesigen Sepoy-Einheiten schufen das militärische Fundament für die Herrschaft der Company und später für das gesamte Empire in Indien.[15]

3.2 Kalkuttas Wohlstand

Im Verlaufe der Kriege mit den Franzosen wurde die East India Company von einer reinen Handelsgesellschaft in ein eigenartiges duales Gebilde verwandelt, das profitorientierte Handelsgesellschaft und Verwaltungsapparat mit territorial-militärischen Funktionen zugleich war. Zwar betrieb die Company weiter Handel, dessen Fokus vor allem auf den Re-Exporthandel mit indischen Waren lag. Andere militärisch-verwaltende Funktionen kamen aber auch hinzu, wie zum Beispiel die militärische Sicherstellung der Handelsrouten und die Verwaltung durch indische Fürsten erhaltenen Privilegien zur Steuereinnahme bestimmter indischer Gebiete.[16]

Vor allem der Einfluss auf Bengalen wurde immer grösser. Kalkutta war im Rahmen der englischen Niederlassung von einer schmutzigen Slum-Gegend zu einer aufblühenden Wirtschaftsmetropole aufgestiegen, die immer mehr indische und private britische Kaufleute anzog. Mit dem Wachsen des wirtschaftlichen Wohlstands in Kalkutta begannen auch einflussreiche indische Fürstenfamilien mit den Briten zu handeln. Sie erwiesen den Engländern weitreichende Privilegien für Steuereintreibungen und boten den Briten ihre Dienste als Handelsvermittler an. Das Wachstum der Briten führte aber auch zu Spannungen mit den Nawab von Bengalen Alivardi Khan und Siraj-ud-Daulah, die ihren Höhepunkt in Streitigkeiten wegen unterschiedlichen Ansichten in der Gesetzgebung und Auslegung erreichten. Ausserdem machte der Nawab die Briten für die rückläufigen Steuereinnahmen aufgrund der grosszügig verteilten Zamindars verantwortlich. Das Fass zum Überlaufen brachte schliesslich eine Reihe von Streitigkeiten privater britischer Kaufleute, die sich mit Verweis auf erworbene Companylizenzen weigerten, indische Einfuhrzölle zu bezahlen. Der empörte Siraj-ud-Daulah, dem die britische Anwesenheit auf indischen Boden und allgemein die europäische Präsenz in Indien ein Dorn im Auge war, deutete dies als unzumutbare

---

[15] Nicht nur die Briten lernten von den Franzosen. Einsichtige indische Fürsten begannen ebenfalls die unkoordinierten und undisziplinierten indischen Massenheere zu reformieren. So schafften es die Marathen und vor allem die Mysoren später in Südindien die Briten im Verlaufe der zweiten Hälfte des 18. Jahrhunderts und anfangs 19. Jahrhundert stark in Bedrängnis zu bringen.

[16] P.J. Marshall, The New Cambridge History of India II, Bengal: The British Bridgehead, Eastern India 1740-1828. Cambridge University Press, Cambridge 1987. S.79.

Provokation der Company und antwortete mit der Einnahme Kalkuttas und der Gefangennahme britischer Staatsangehöriger.[17]

3.3 Die Schlacht von Plassey

Die Streitigkeiten mit Siraj-ud-Daulah boten für den mittlerweile zum General beförderten Robert Clive, der durch die Franzosenkrieg Berühmtheit erlangt hatte, eine einmalige Chance, seinen Ruhm zu vergrössern. Sechs Monate nach der Einnahme Kalkuttas durch Siraj-ud-Daulah erreichte das 1600 Mann[18] starke Heer unter der Führung von Robert Clive die Ortschaft von Plassey, um Kalkutta wieder einzunehmen und den Nawab ein für alle mal zu besiegen. Das kleine Strafexpeditionsheer von Clive sah sich aber einer Übermacht von 50'000 Soldaten[19] des Nawabs von Bengalen gegenüber. In der Schlacht von Plassey 1758 errangen die Briten schliesslich einen klaren Sieg über Siraj-Ud-Daulahs Streitkräfte, der floh und später gefangen und von der örtlichen Lynchjustiz hingerichtet wurde. Der Sieg basierte nicht so fest auf gekonntes militärisches Geschick der Briten, sondern mehr auf der Tatsache, dass bestimmte Truppeneinheiten dem Nawab die Kampfbeteiligung verweigerten. Vor der Schlacht hatten die Briten zahlreiche Allianzen mit den örtlichen Potentaten Bengalens geschmiedet, die die drückende Steuerlast des Nawabs beklagten und ihre traditionellen Handelsprivilegien nicht aufgeben wollten. Aufgrund dieser Beschwerden wandten sich die verschiedenen Rajas und Maharajas in der Schlacht von Plassey von ihrem Nawab Siraj-ud-Daulah ab und lieferten damit die Voraussetzung für den Sieg. Es waren die geschmiedeten Allianzen und die gehörigen Summen an Bestechungsgeldern, die den Briten ihren Sieg bescherten.[20]

Schon vor der Schlacht hatten die Briten und die sich ihnen angeschlossenen Rajas über den zukünftigen Nachfolger Siraj-ud-Daulahs beraten.[21] Die Wahl fiel schliesslich auf Mir Jafar, der als Oberkommandierender der Artillerie mit seiner Abwendung von ud-Daulah erheblich

---

[17] Peter Wende, Das britische Empire, Geschichte eines Weltreichs, C.H.Beck, München 2008, S.147.

[18] Bei den Angaben der Truppenstärke variieren die Angaben zwischen 500 bis zu 1600 Mann. Es handelte sich hierbei einfach um ein kleines Expeditionsheer.

[19] Die Truppenstärken des Nawabs variieren hier ebenfalls zwischen 35'000 und 50'000.

[20] Michael Mann, Bengalen im Umbruch, die Herausbildung des britischen Kolonialstaates 1754-1793. Franz Steiner Verlag, Stuttgart 2000. S.63.

[21] In verschiedenen Lektüren wird Siraj-ud-Daulah ein despotisches soziopathisches Tyrannenverhalten nachgesprochen. Jene Quellen besagen, dass die Schlacht bei Plassey als Befreiungsschlag gegen den indischen Tyrannen diente. Nüchternere Meinungen gingen davon aus, dass Siraj-ud-Daulah dem Treiben der Engländer und ihrer teilweise impertinenten Ausnützung indischer Handelsprivilegien wie der Zahlungsverweigerung bei den Einfuhrzöllen und fehlende Steuereinnahmen die Gründe für die Eroberung Kalkuttas waren. Es wird auch von Gräueltaten berichtet, wonach englische Siedler und Soldaten in winzige Gefängnisse gesperrt wurden unter schrecklichen humanitären Bedingungen. Ob jene wahr oder übertrieben sind ist Gegenstand der Spekulation.

zum Sieg der Briten beigetragen hatte. Die Schlacht von Plassey zeigte, dass das geschickte Knüpfen von Bündnissen für das Überleben einer Zentralmacht in Indien unabdingbar war.

3.4 Die Übernahme der Diwani von Bengalen

Die Leadenhall Street in London zog es nach den überraschend erfolgreichen militärischen Operationen vor, nur noch im Notfall zu teuren kriegerischen Massnahmen zu greifen und stattdessen den Handelskern der Company weiter zu erhalten. Die Gesellschaft war aber schon zu einer zu grossen Macht geworden, als dass sie unbekümmert hätte Handel treiben können. Erneut formte sich indischer Widerstand und diesmal führte der Grossmogul persönlich die antibritische Allianz bestehend aus dem Nawab von Awadh und dem neuen Nawab von Bengalen Mir Qasim an.[22] Erneut stand eine indische Übermacht einem kleinen britischen Expeditionsheer gegenüber und wieder gingen die Briten als Sieger vom Schlachtfeld hervor. Zum zweiten Mal siegten die Engländer aufgrund von Uneinigkeiten innerhalb der indischen Reihen. Grosser Verlierer war der Mogul Shah Alam II, der im Rahmen des Vertrags von Allahabad 1765 den Engländern in einer pompösen Feierlichkeit die Diwani-Rechte[23] von Bengalen übertrug. De facto war die East-India-Company damit zu einer indischen Territorialmacht aufgestiegen.[24]

Die 24 Direktoren des Bord of Directors in der Leadenhall Street waren zufrieden mit den militärischen Erfolgen Clive's und Watson's bei Plassey 1757 und Buxar 1764. Die Briten verfügten das Recht über zahlreiche Zamindars,[25] hatten sämtliche europäische Konkurrenten aus Indien vertrieben und sich zwei Mal erfolgreich gegen indische Fürsten und deren Streitmacht zur Wehr gesetzt. Eine Politik der Nicht-Intervention und der Handelsförderung und der grösstmöglichen Zurückhaltung in indischen Angelegenheiten wurde vom Board of Directors formuliert. Die Erteilung der Diwani 1765 von Bengalen an die Briten, gab diesen Bestrebungen allerdings den Gnadenstoss. Die Diwani-Vergabe und der Hintergrund ihrer Entstehung sorgen weiterhin für hitzige Diskussionen unter Historikern. Michael Mann

---

[22] Mir Jaffar hatte sich als ziemlich unfähiger Herrscher herausgestellt. Die Engländer beabsichtigten mit seiner Einsetzung als Nawab Stabilität und die alten Handelsprivilegien und Verhältnisse wieder einzuführen. In den Jahren 1757-1760 kam es aber zu verschiedenen Konfrontationen mit den Marathen und anderen indischen Fürstentümer, die Mir Jaffars ungeschickte Politik verursacht hatte. Die Hoffnung, einen zweiten Alivardi Khan zu haben, wurde enttäuscht und die Briten sorgten wieder selber für militärische Sicherheit und Stabilität in Bengalen.

[23] Traditionell verlieh der Grossmogul die Diwani an einer seiner Gouverneure, welche ihm das Recht auf Steuereintreibung und die selbständige Verwaltung des Gerichts-und Polzeiwesen in seiner Provinz einräumte. So hatten sich die Gouverneure zunehmend selbständig gemacht.

[24] Michael Mann, Bengalen im Umbruch, die Herausbildung des britischen Kolonialstaates 1754-1793. Franz Steiner Verlag, Stuttgart 2000. S.79.

[25] Zamindars kann am besten mit Steuerverwaltungseinheiten übersetzt werden. Die Briten hatten sich im Laufe ihrer Zeit in Indien das Recht zahlreicher Zamindars zusammengeholt und konnten nun als Handelsgesellschaft auch Steuern eintreiben, was zu erheblichen Mehreinkünften führte.

deutete die Diwanivergabe als ein von langer Hand geplanter Akt der Briten. Er argumentiert damit, dass die Briten jahrelang durch ihre Präsenz und Handelsaktivitäten die Region politisch destabilisiert hätten, indem sie sich zahlreiche Steuereintreibungsprivilegien angeeignet hätten. Jene hätten zum Zweck gehab, irgendwann die Steuerhoheit über ganz Bengalen zu erhalten. Der Aufstieg zu einer Territorialmacht sei weder „absent minded" noch zufällig passiert. Sie sei das Resultat einer seit 1754 in Planung[26] und ab 1757 in konkreter Umsetzung befindlichen Politik, die nun 1765 auf einem ersten Höhepunkt angelangt war.[27] Andere Historiker argumentieren mit dem Begriff des Sub-Imperialismus, den „Men on the Spot". P.J Marshall beschreibt, dass zwar die Schlacht von Plassey 1756 einen klaren Machtwechsel der Company in Indien bedeutete, die dahinterstehenden Motive und Absichten aber ziemlich kontrovers und unklar definiert waren. Die Company war sozusagen nicht darauf vorbereitet gewesen, wie mit diesem Sieg umzugehen und ihn auszunutzen.[28] Marshall verweist auf die Tatsache, dass im Gegensatz zu den militärischen Erfolgen es kaum zu wirtschaftlichen Veränderungen in Bengalen gekommen war. Das Direktorium an der Leadenhall Street und die englische Regierung bemühten sich um vorsichtige Direktiven und scheuten hitzige Vorstösse im indischen Gebiet. Jene Interessen liefen oft den Interessen der dort ansässigen Handelsangestellten zuwider. Es kam zum Auseinanderdriften der Interessen und zu militärischen Eigeninitiativen, die unter Robert Clives Führung ihren Anfang nahmen und in der Person des Warren Hastings ihr berühmtestes Beispiel für eigenmächtige Aktionen fanden. Jene Männer vor Ort, „the men on the spot" waren dafür verantwortlich, dass es zu territorialen Aneignungen kam und dass sich die territoriale Einflusssphäre der Briten in Indien vergrösserte.[29] Der Reiseweg einer Anweisung zwischen England und Indien betrug allein sechs Monate und bot wahrscheinlich deswegen grosszügigen Raum für expansive Eigeninitiativen der Männer vor Ort.

---

[26] Man muss mitbedenken, dass die Diwanivergabe des Grossmoguls Shah Alam II ein verzweifelter und riskanter Schachzug war. Mit der Diwanivergabe verpflichteten sich die Briten formell im Casus Belli dem Mogul mit Truppen und finanziellen Zuschüssen zur Seite stehen. Der Grossmogul wollte mit diesem Manöver die britischen Kräfte in das nordindische Mächtekonzert einwickeln, um militärisch und politisch noch eine Rolle zu spielen auf dem Subkontinenten. Die Marathen im Norden und das erstarkte Mysorenreich und das Nizamat von Hyderabad machten dem Mogul schwer zu schaffen. Die Stärke der Mysoren sollten die Engländer später deutlich zu spüren bekommen, die sich mithilfe ihres straff organisierten Staatsapparates den Briten als ebenbürtige Gegner erwiesen.
[27] Michael Mann, Bengalen im Umbruch, die Herausbildung des britischen Kolonialstaates 1754-1793. Franz Steiner Verlag, Stuttgart 2000. S.80.
[28] „Vincere scis, Hannibal, victoria uti nescis." Du weißt zu siegen, Hannibal, aber den Sieg zu nutzen weißt du nicht. Jenen berühmten Ausspruch soll der Offizier Maharbal seinem General gesagt haben, als die gewaltige karthagische Armee vor den Toren Roms stand und Hannibal sich mit seinen Truppen zurückzog.
[29] P.J. Marshall, The New Cambridge History of India II, Bengal: The British Bridgehead, Eastern India 1740-1828. Cambridge University Press, Cambridge 1987. S.90.

Extreme Interpretationen[30] gehen davon aus, dass die Eroberung der Kolonialbesitzungen durch die Handelsaktivitäten allgemeines ungeschriebenes Ziel der europäischen Handelsmächte war. Bal Krishna beschreibt, wie bereits 1662 imperiale Ambitionen durch den englischen König Charles II formuliert wurden: „Our main design... being to gain to our subjects more free and better trade in the East Indies, and to enlarge our Dominions in those parts... " Als der Mogulkönig auf breiter Front gegen die Marathenallianz Krieg führte und sich verwundbar gemacht hatte, schrieb er, wie der Handel nun nicht mehr nur mit der Feder, sondern nun auch mit dem Schwert geführt werden sollte. Nach der demütigen Niederlage der Engländer im Jahr 1688 gegen Aurangzeb, befürwortete ein Offizier der Company weiterhin „...to train and exercise in arms all our Factors, Writers and English Servants of all degrees... we must keep ourselves a martial nation in India." Die Machtergreifung der Briten durch die Diwani schien so das Resultat jahrhundertelanger Planung gewesen zu sein. Nicht zufällige Umstände, sondern geduldiges Abwarten auf den günstigen Moment und taktisches und politisches Geschick bildeten die Triebkräfte der britischen Machtetablierung in Indien. Hätten sich die Briten nur auf reinen Handel beschränkt, wäre Indien nie zu einer britischen Kolonie geworden.[31]

---

[30] Radikal verschieden argumentierte Baylys in seinem Aufsatz Clive of India. A Political and Psychological Essay. Dort vertritt Bayly die These, dass die europäische Expansion im Asien des 18. Jahrhunderts und die britische Eroberung Bengalens ein Resultat der sich verschärfenden Klassenkämpfe in den indigenen Gesellschaften war. Jene Kämpfe hätten die alte indische Ordnung destabilisiert und die Europäer in den Sog der indischen Auseinandersetzungen mithineingezogen. So wären etwa indische Sogkräfte zentral für die europäische Kolonialgeschichte in Indien gewesen.
[31] Bal Krishna, Was British Conquest of India Accidental?, (in) Bhattacharya, S. (ed.), Essays in modern Indian economic history, S. 126-128.

4. Britische Herrschaft in Indien

4.1 Der Machtzuwachs der East India Company

Um zu klären, wie die Strukturen die territorialen Besitzungen der Company aussahen und wie sich die Company Territorien aneignete, muss ein Blick in die Quellen der politischen Hoheitsrechte der East-India-Company geworfen werden. Zwei Quellen legitimierten die Aktivitäten der Company in Indien.

1. In mässigen Abständen erteilten das britische Parlament und die britische Krone der Company Parlamentsurkunden sogenannte Chartered Rights, deren Gültigkeitsdauer von beiden verlängert werden konnte. Jene Urkunden erlaubten es der Company eigene Statuen aufzubauen und die eigenen Besitztümer und den Handel frei zu gestalten und zu verwalten. Sie schufen die Grundlage für die selbständige Verwaltung der Gebiete der Company.

2. Jene Rechte basierten auch auf den Kompetenzen, die vom Mogul oder von anderen indischen Potentaten im Rahmen von militärischen Eroberungen und dem Erwerb von Grund und Boden an die Briten delegiert wurden.

Das sogenannte „Chartered Government", also die mithilfe von Parlamentsurkunden legitimierte Herrschaft einer Gesellschaft mit eigenen internen Verfahrensregeln und die Übernahme delegierter teilweise despotisch anmutenden Herrscherkompetenzen, charakterisierten beide die konstitutionellen Stützpfeiler der Company-Herrschaft in Indien. Im Rahmen der Übernahme der Diwani von Bengalen übten eine Handvoll risikofreudiger Kaufleute politische Herrschaft über ein damals heiss umkämpftes Kolonialgebiet aus. Es war diese historische ungewöhnliche Kombination, die den Briten Bengalen und später ganz Indien als Kolonialbesitz sicherte.[32] Die Übertragung der Diwani hatte somit für das gesamte Empire weitreichende Folgen. Der sogenannte „Military-fiscal-state" als Wesensmerkmal des britischen Staates zeichnete zusätzlich die Verwaltungsstruktur der Company.[33] Um die Kosten der Kriegsflotte und des Militärs zu unterhalten,[34] war das Ziel jeder neuen kolonialen Eroberung, die Erschliessung neuer Steuereinkünfte zu ermöglichen. In Indien verfolgte die Regierung genau jenes Ziel. So diente die Company mit ihrem dualen Hybridkonstrukt der Regierung als Steuerquelle und Verwaltungsapparat. Militärische Operationen dienten dem Zweck, neue Steuerquellen zu erschliessen und Gebiete zu sichern. Unter diesem Einfluss

---

[32] Volker Winterfeldt, Die Konstitution des bürgerlichen Staats in Indien, Zum Verhältnis von Formbesonderung und Klassencharakter. Duncker und Humblot, Berlin 1987, S.29.
[33] Hier muss ebenfalls darauf eingegangen werden, dass die Historiker bei der Prägung des britischen Kolonialstaates sämtliche Theorien vom Fiskalen-Steuerstaat bis zum despotischen Militärregime abklapperten.
[34] Im Laufe des 17. Jahrhunderts war es zu einer breiten Kommerzialisierung der britischen Politik gekommen. Seit Cromwells Revolution wurde der Ausbau des Militärs forciert.

entstand das merkwürdige Staatskonstrukt des „military-fiscal-state"[35], ein kolonialer Fiskal-Staat, der seine territoriale Gewalt auf die Eintreibung von Steuern konzentrierte und dessen Gebiete verwaltete.[36] Die Verzahnung mit dem Staat begann. Das Board of Directors und das neu ins Leben gerufene Amt des Generalgouverneurs hatten sich beide vor der englischen Regierung und dem Board of Control zu verantworten. Für Beschlüsse immenser Tragweite wurde das Secret Committe erschaffen, das sich mit der Regierung in Verbindung setzte und als Vertretung des Board of Directors die wichtigsten Angelegenheiten der Company und des Empires mit dem Board of Control besprach.

Mit der Etablierung des fiskalen militärischen Kolonialstaates in Form einer territorialen Handelsgesellschaft mit Verwaltungsstaatscharakter waren die Engländer jedoch nur eine von vielen indischen Territorialmächten im indischen Mächtekonzert. Als einzige Territorialmacht schafften sie es aber, die anderen indischen Mächte in ihre Abhängigkeit zu bringen. Für die Kapitalbeschaffung der indischen Provinztruppen und Kriege, die die Rajas und Maharajas führten, brauchten sie Kredite. Da im Zuge der britischen Handelsniederlassungen in Madras und Kalkutte die Konzentration an indischen Kaufleuten und englischen Händlern rasant zugenommen hatte, war ein üppiger Kapitalstock in den Hafenstädten der Briten entstanden, in dem sich die Rajas bedienten. Die Händler und Kaufleute liessen dabei das Geld über englische Stellen laufen, die die Zahlungsbereitschaft der indischen Herrscher sicherstellen konnten. Mit dieser geschickten Art der Kapitalkontrolle machten sich die Briten die anderen indischen Herrscher indirekt gefügig.[37] Eine breite und wohlhabende Schicht indischer Kaufleute entstand in den englischen Handelsstädten und die günstigen wirtschaftlichen und handelspolitischen Bedingungen für indische Kaufleute führten zu einem Boom.

Eine weitere Form britischer Einflussnahme ausserhalb ihrer Territorien kam dadurch zustande, dass immer mehr Engländer als Residenten an den indischen Höfen wohnten und so markanten Einfluss auf die Vertragsverhandlungen über Kredit- und Handelsbedingungen ausübten. Dieses System der „Residencys" ermöglichte es den Engländern, weit über ihr verwaltetes Territorium Einfluss auf andere indische Herrscher auszuüben, ohne militärisch interveniert zu haben.[38]

---

[35] Joanna Innes, The Domestic Face oft he Military-fiscal state, Government and society in eighteenth-century Britain, (in) An Imperial State at War, Britain from 1686 to 1815. (ed) by Lawrence Stone, Routledge, London 1994, S.186.
[36] Dietmar Rothermund, Der Strukturwandel des britischen Kolonialstaats in Indien 1757-1947. (in) Verstaatlichung der Welt, europäische Staatsmodelle und aussereuropäische Machtprozesse (hrsg.) Wolfgang Reinhard, R. Oldenbourg Verlag, München 1999, S.72.
[37] C.A. Bayly, The New Cambridge History of India, Indian society and the making oft he British Empire, Cambridge University Press, Cambridge 1988. S. 58.
[38] P.J. Marshall, East Indian Fortunes, The British in Bengal in the Eighteenth Century, At the Clarendon Press, Oxford 1976, S.113.

4.2 Wirtschaftliche Veränderungen in Bengalen

Es ist abzuwägen, ob die Machtergreifung der Company in Form der Schlachten von Plassey und der Diwani-Übernahme von Bengalen in der Tat Früchte jahrhundertelangen Planens war oder dem Zufall zugeschoben werden muss. Tatsache war, dass die Company Mitte des 18. Jahrhunderts einen erheblichen Einfluss auf die indische Wirtschaft auszuüben begann. Der Zahlungsverkehr sämtlicher Rajas in der Nähe Bengalens lief über britische Häuser. Der britische Einfluss trug massgeblich dazu bei, dass eine Schicht reicher indischer Kaufleute entstehen konnte, die sich für die Company-Interessen stark einzusetzen begann. Der schottische Orientalist und Ethnologe John Crawfurd beschrieb in seinen Reisen die indischen Handelshäuser, die in den Städten unter Company-Verwaltung aufzublühen begannen. „As long as the East India Company's monopoly existed, the great mercantile houses were placed under circumstances which, naturally, secured tot hem a kind of sub-monopoly. Nearly the whole European and American business fell into their hands. They were agents fort he whole civil and military service..." Jene mächtigen Handelshäuser sprachen bei indischen Fürsten und beim Mogul im Namen der East-India-Company vor. [39] Mit der Hilfe indischer Handelshäuser verschafften sich die Briten so zusätzlich einen Vorteil auf dem indischen Subkontinent.[40] Zwar blühte die Handelsschicht Indiens, doch die grosse Mehrheit der Bauern litt weiterhin unter den strukturellen kärglichen Anbau-und Ernte-Bedingungen, die sich während der britischen Herrschaft noch verschärften.

Indiens Wirtschaftslandschaft in der vorkolonialen Periode entsprach einer „feudalen Produktionsweise". Es gab Tendenzen zu Frühformen einer kapitalistischen Ökonomie wie zum Beispiel die ausgedehnte Produktion im gewerblichen und im agrarischen Sektor. Zudem hatte sich in der handwerklichen Produktion ein beträchtliches Kaufmannskapital entwickelt. Doch waren jene Entwicklungen immer noch nicht hinreichend, um Bedingungen für eine kapitalistische Ökonomie zu kreieren. Eine Revolution hatte in Indien begonnen, als die Diwani-Übergabe an die Engländer erfolgt war. Es kam auf wirtschaftlicher Ebene zur Umstrukturierung der traditionell feudalen indischen Wirtschafts- und Produktionsweise,

---

[39] Das Modell der Herrschaft über weite Gebiete in Indien durch die Unterstützung mächtiger Handelshäuser und Kaufleuten hatten die Holländer bereits vor den Briten erfolgreich in Indien angewendet. Mithilfe der Finanzierung und Subventionierung indischer Kaufleute und dem Aufblühen der Handelsstädte waren die Holländer dazu imstande, mit einem personell nicht sehr aufwändigen Verwaltungsapparat die Herrschaft über Millionen zu sichern. Sie unterhielten rund 180 Festungen wohingegen die Briten damals kaum dazu imstande waren, zwei bis drei befestigte Anlagen zu bemannen. Durch den merkantilen Handel von Gewürzen und den reichen Untergebenen war den Holländer ein ausgedehntes Herrschaftssystem in Indien zu etablieren.
[40] John Crawfurd, A Sketch oft he Commercial Resources and Monetary and Mercantile System of British India, with suggestions for their improvement, by means of Banking Establishments (1837), (in) The Economic Development of India under the East India Company 1814-1858, (ed.) K.N Chaudhuri, Cambridge University Press, Cambridge 1971, S.275.

welche später dann durch die aufkommende Industrialisierung in England noch einmal beschleunigt wurde. Die Diwani-Übergabe 1765 markierte eine radikale wirtschaftliche Veränderung in Indien, das sich zunehmend neuen wirtschaftlichen, ideologischen und gesellschaftlichen Kräften gegenüber gestellt sah. Man sprach von einer „bürgerlichen Revolution" oder wie Robert Clive es ausdrücke, von der „Bengal Revolution".[41]

4.3 Die Militarisierung der Company

Die Pläne zur Errichtung einer sicheren Pufferzone zwischen Bengalen und seinen Nachbaren waren fehlgeschlagen. Nach dem Zusammenbruch der Marionettenregierung des Nawabs Mir Jafar formulierte Robert Clive 1765 Folgendes: "We must indeed become the Nabobs ourselves."[42] So begann eine Periode radikaler Umstrukturierungen auf politischer, wirtschaftlicher und militärischer Ebene. Unter Robert Clives und Warren Hastings Amtszeit wurde die Company auf militärischer Ebene umstrukturiert und bürokratisiert. Sie war seit der Annektierung Bengalens gezwungen, eine umfangreiche Militärmaschinerie aufzubauen. Die Anzahl britischer Offiziere begann schliesslich die Anzahl der britischen Kaufleute zu übersteigen. Bis zum Jahr 1800 wurden von den teilweise 4500 Angestellten der Company 3500 Männer mit Offiziersrang eingestellt. Politische Entscheide, wie etwa Tributverträge, militärische Vorstösse gegen andere indische Reiche und die Umstrukturierung der Company in einen Verwaltungsapparat und die wirtschaftspolitischen wichtigen Entscheide für den Handel wurden alle zunehmend von militärisch-strategischen Gesichtspunkten beeinflusst. So hatten die Offiziere wenig Verständnis für die kommerziellen Interessen der Handelsleute und beurteilten die Lage vor allem aus der Sicherheitsperspektive. Es fanden häufig militärische-expansive Vorschläge[43] Beachtung, die den wirtschaftlichen und finanziellen Überlegungen der Kaufleute zuwider liefen.[44]

Weiter prägte der Prozess der Militarisierung die neuentstehenden politischen Strukturen und regionale Gesellschaften. Die Company förderte durch ihre Aktivitäten Tendenzen der Zentralisierung. Manche Historiker schreiben hier von einem „militärdespotischen Staatswesen", das zu einer erheblichen Erhöhung des Ressourcenbedarfs führte. Die zivilen und militärischen Dienstleistungen stiegen enorm an im Zuge der zunehmenden

---

[41] Hamza Alavi, Die koloniale Transformation in Indien Rückschritt vom Feudalismus zum Kapitalismus, (in) Traditionale Gesellschaften und europäischer Kolonialismus, (hrsg.) Jan-Heeren Grevemeyer, Syndikat, Frankfurt am Main 1981, S.163.
[42] P.J. Marshall, The New Cambridge History of India II, Bengal: The British Bridgehead, Eastern India 1740-1828. Cambridge University Press, Cambridge 1987. S.89.
[43] Präventivschläge als Sicherheitsvorbeugung gegen andere Reiche bildeten den Garant für sichere Grenzen aus Sicht der Offiziere, die für eine Verfielfachung von Angriffskriegen in den laufenden Jahrzehnten sorgten.
[44] Stig Förster, Die mächtigen Diener der East India Company, Ursachen und Hintergründe der britischen Expansionspolitik in Südasien 1793-1819. Franz Steiner, Stuttgart 1992, S. 74.

Expansionspolitik der Company. Manche Historiker gehen auf den Gewaltcharakter ein, den die Company seit den Siegen von Plassey und der Diwani angenommen hatte. Die Etablierung von Strukturen mittels despotischer Gewalt soll für den Aufbau des Verwaltungsapparates und des Steuernetzwerkes prägend gewesen sein. Riesige Regimenter an Sepoy-Einheiten wurden ausgehoben, welche schliesslich Kriegs-und Polizeifunktionen wahrnahmen. Die despotisch anmutenden Steuereintreibungen der Briten zwangen die Bauern und Zamindare, mehr als die Hälfte ihrer erwirtschafteten Einnahmen an abzugeben. Ein System, das unter Hastings und Clives Amtszeit zu zahlreichen Bauernaufständen geführt hatte.[45]

4.4 Warren Hastings

Robert Clive gelang es mit seinem militärischen Sieg in Plassey 1757 und der Verteidigung gegen die Mogulallianz bei Buxar 1764 die Company in eine mächtige indische Territorialgewalt zu verwandeln. Mit der Diwani 1765 war schliesslich der Grundstein für die britische Expansion auf dem Festland gelegt. Als reicher Mann kehrte er nach England zurück. Der erste Generalgouverneur von Bengalen Warren Hastings trat das Erbe Clives an und baute die East India Company weiter aus.

Warren Hastings wuchs ähnlich wie Robert Clive in ärmlichen Verhältnissen auf. Nach dem abgebrochenen Studium in Oxford wurde er 1750 bei der East-India-Company angestellt. Als einfacher Schreiber mit fünf Pounds Jahresgehalt hatte er sich die Companyleiter hochgearbeitet und 1764 Indien mit einem Vermögen von über 30'000 Pounds verlassen. Als Hastings 1772 nach Bengalen zurückkehrte, wurde er mit der Aufgabe betraut, die Company-Gebiete zu stabilisieren und auszubauen. 1773 wurde das Amt des Generalgouverneurs ins Leben gerufen und Hastings wurde zum ersten Generalgouverneur von Bengalen gewählt. Er reformierte die Gerichtsverwaltung und das Fiskalsystem der Company. Im Gegensatz zu seinen Amtskollegen hatte sich Hastings stark für fremdländische Sprachen stark gemacht. In Indien lernte er Bengali, Urdu und die offizielle Gerichtssprache Persisch. Seine sprachliche Gewandtheit und sein Interesse für die indische Kultur kamen ihm bei den Konfrontationen mit indischen Magnaten entgegen. Er begann britische Angestellte, denen er generelle Ignoranz gegenüber der indischen Kultur und Inkompetenz vorwarf, gegen erfahrene lokale Vertreter der indischen Elite auszutauschen. Er förderte so die Vermischung der Company mit der indischen Kultur und markierte den Anfang einer neuen vielsprachigen

---

[45] Ravi Ahuja, Die Erzeugung kolonialer Staatlichkeit und das Problem der Arbeit, Eine Studie zur Sozialgeschichte der Stadt Madras und ihres Hinterlandes zwischen 1750 und 1800, Franz Steiner Verlag, Stuttgart 1999, S.330.

Beamtengeneration, die der Common Law-Gesetzgebung Einzug in das indische Rechtswesen verschaffte. In einer englischen Beamtenschaft, die den anderen Sprachen ausser der englischen gleichgültig gegenüber stand, galt Hastings als weltoffener und mondäner britischer Handelsangestellter.[46] Er professionalisierte das Beamtenwesen der Company und eroberte im Rahmen teurer militärischer Operationen zahlreiche Gebiete in Indien.[47]

Hastings sprach sich anfangs für eine Politik der Gleichgewichte der Mächte aus. Leadenhall Street betrachtete diese Politik als Garant für Sicherheit und Stabilität in Indien und hatte Hastings die entworfenen Grundzüge des britischen Kolonialstaats oder auch „British Indias" zu verdanken. Zwar hatte Hastings in diesen Jahren die Verwaltungsstrukturen in Bengalen ausgebaut und dort das Fundament einer institutionellen Herrschaft geschaffen. Durch seine despotisch anmutenden politischen Manöver in Indien und seine teuren militärischen Vorstösse gegen andere indische Rajas hatte sich Hastings jedoch den Ruf eines Tyrannen und korrupten Despoten verschafft, was schliesslich zum Bruch mit Leadenhall Street und zu einem aufsehenerregenden Prozess in England geführt hatte.[48]

4.5 Eine überforderte Handelsgesellschaft

Die Jahre nach der Diwani waren von übersteigerten Erwartungen geprägt, die in das Gegenteil umschlugen. Die erhofften Einnahmen aus den Steuereinnahmen der Zamindars blieben aus. Stattdessen begann das neu entstehende Kolonialgebilde British India Unmengen an Kosten zu verschlingen. Es kam zu Hungersnöten in der indischen Bevölkerung und Bauern wurden zu umherstreifenden Dakats.[49] 1772 stand die Company kurz vor dem Bankrott, was die Parlamentarier in helle Empörung versetzte, da aus dem erhofften finanziellen Segen eine zusätzliche Belastung für den britischen Haushalt entstanden war. Mithilfe von Regulating Acts und einer strengeren Aufsicht der Krone und des Parlaments auf die Company wurde versucht, den um sich schlagenden Kosten Gegensteuer zu bieten. Unter Warren Hastings Amtszeit hatten sich jedoch viele bestehende Probleme der East-India-Company erweitert. Die Korruption und die Bereicherung der Angestellten aufgrund des privaten Handels kosteten der Gesellschaft ein Vermögen. Das Problem bestand in den kärglichen Gehälter trotz der soliden Umsätze, die die Company jährlich mit dem Handel und

---

[46] Empört über die generelle sprachliche Inkompetenz der Mehrheit der East-India-Company-Angestellten setzte sich Hastings energisch dafür ein, dass eine Professur für Persisch an der Oxford University etabliert werden sollte.

[47] David Kopf, British Orientalism and teh Bengal Renaissance, The Dynamics of Indian Modernization 1773-1835, University of California Press, Berkeley and Los Angeles 1969, S.17-18.

[48] Tirthakar Roy, The East India Company, the World's Most Powerful Corporation, Penguing Books, India 2012, S.176.

[49] Dakats ist Indisch und steht für Dieb.

den Steuereinnahmen erwirtschaftete. Tatsächlich kehrte nur eine Handvoll Angestellter nach dem Vorbild Clives und Hastings' reich und berühmt von Indien nach England zurück. Die grosse Mehrheit sah nur durch den privaten Handel die Möglichkeit, wohlhabend zu werden. Zwischen 1768 und 1785 blühte der Schwarzmarkthandel in Indien auf. Trotz der Versuche seitens der Krone und des Parlaments, den ausufernden Schwarzmarkthandel in Form von Regulating Acts und der Formung des Board of Controls einzudämmen, entpuppte sich letztendlich die Distanz der Reiseroute von sechs Monaten als ein zu grosses Hindernis, als dass für eine effektive Einhaltung der verabschiedeten Gesetzgebungen hätte gesorgt werden können.[50] Später im Jahr 1833 sprach die Regierung schliesslich der EIC das Monopol über den Gewürzhandel zwischen Indien und China ab, was zu einer Erweiterung des Schwarzmarkthandels führte.[51]

Das duale Gebilde einer mit souveränen Herrscherkompetenzen ausgestatteten Handelsgesellschaft, die gleichzeitig für Steigerungen des Handelsgewinns aber auch für Gebietsverwaltung und Gebietseroberungen zu sorgen hatte, war nicht in der Lage, die wirtschaftlichen und imperialen Bestrebungen unter einem Banner zu vereinen. Die Kosten für die Verteidigung Britisch Indiens frassen nicht nur alle Steuereinnahmen auf, die von den Briten eingezogen wurden. Die Ausgaben überstiegen die Steuereinnahmen regelmässig, sodass teilweise der Handelsgewinn für die Finanzierung der Truppen verwendet werden musste.

Prominente Briten wie der Philosoph Edmund Burke[52] und der Ökonom Adams Smith kritisierten die Form einer territorialen militärischen Handelsgesellschaft. Als Warren Hastings Amtszeit endete, klagte Burke Hastings der Korruption, der Tyrannei und der masslosen Bereicherung an. Er warf ihm vor, nicht nur die Beseitigung der Korruption vereitelt zu haben, sondern ganz bewusst selber mit seinem Verhalten einen ganzen Sumpf der Korruption gefördert zu haben, in dem jeder Angestellte und Offizier nur an der eigenen Bereicherung interessiert war.[53] Der Ökonom Adam Smith ging in seiner Verurteilung gegen die Company weiter und warf der Company in einer vernichtenden Rede vor, mit der

---

[50] Narendra Krishna Sinha, The Economic History of Bengal, From Plassey to the permanent settlement, Volume 1, Firma K. L. Mukhopadhayay, Calcutta 1961, S.226-227.
[51] Freda Harcourt, Flagships of Imperialism, Teh P&O Company and the Politics of Empire From ist Origins to 1867. Manchester University Press, Manchester and New York 2006, S.88.
[52] Edmund Burkes Familie hatte einen grossen Teil ihres Vermögens im Indienhandel verloren, was später zu Auseinandersetzungen mit Hastings führte und schliesslich im berühmten Impeachmentverfahren gegen Warren Hastings mündete
[53] P.J. Marshall (ed.), The Writings and Speeches of Edmund Burke. Volume VII, India: The Hastings Trial 1789-1794, Oxford University Press, Oxford 2000. S.34.

Plünderung indischer Territorien durch masslose Steuereintreibung Indiens Wirtschaft zu ruinieren und damit einen wichtigen Teil der Weltwirtschaft zu zerstören.[54]

Trotz der stark einflussreichen Company-Lobby gelang es den Gegnern, vor allem der Industrielobby und der Krone, erneut Kontrollmassnahmen in Form von neuen Gesetzespaketen zu verabschieden. Zu diesem Zweck verabschiedete das Parlament 1784 unter der neu gebildeten Regierung William Pitts die „India Acts", nach deren Richtlinien die britischen Besitzungen bis 1858 regiert wurden. Die Gesetzespakete führten zu einer stärkeren staatlichen Kontrolle der Company. Ein System wurde etabliert, in dem die Direktoren der Leadenhall Street und die Krone gemeinsam die Company verwalteten.[55] Das Spannungsfeld einer profitorientierten Gesellschaft und eines expansiven Kolonialstaates blieb jedoch bestehen und auch die Probleme der Korruption und der militärischen Aggressionen weiteten sich unter den Amtszeiten der späteren Generalgouverneuren aus. Mit dem Auslaufen der zwanzigjährigen Chartered Rights 1793 kam der Prozess der Umstrukturierung von einer profitorientierten Handelsgesellschaft zu einem expansiven militärischen Verwaltungsapparat zu einem Ende. Es war nun offensichtlich, dass das Interesse der Briten an Indien nicht mehr nur rein wirtschaftlich durchdrungen war, sondern ganz offen Pläne für die territoriale Übernahme ganz Indiens geschmiedet wurden und die Krone die Company zunehmend in einen imperialen Arm des British Empires umfunktionierte.[56] Fast der gesamte indische Subkontinent war nun unter englische Herrschaft gelangt. Trotz diesen Problem hatten sich die Briten dank der British East-Inida-Company in rund 150 Jahren von einer von Portugiesen, Holländern und Franzosen ausgegrenzten Handelsgesellschaft zu Herrschern des gesamten indischen Subkontinenten hinaufgearbeitet und schufen damit das Fundament für das grösste jemals auf Erden erschaffene Reich.

---

[54] Stig Förster, Die mächtigen Diener der East India Company, Ursachen und Hintergründe der britischen Expansionspolitik in Südasien 1793-1819. Franz Steiner, Stuttgart 1992, S.62.
[55] C.H. Philips, The East India Company 1784-1834, Manchester University Press, Manchester 1940, S.11.
[56] Mitte des 19. Jahrhunderts löste das Empire die United British East India Company schliesslich ganz auf.

Fazit

Mit dem Tod des Grossmoguls Aurangzeb, der verheerenden Niederlage gegen die Perser und der beginnenden Zersplitterung des Mogulreiches wurde Raum für die Ausbreitung der europäischen Indien-Handelsgesellschaften und der indischen Provinzreiche geschaffen. Die East-India-Company spielte dabei gegenüber den Holländern und Franzosen eine Aussenseiterrolle und lief Gefahr von ihnen, erdrückt zu werden. Im Rahmen des Österreichischen Erbfolgekrieges und des Siebenjährigen Krieges war es der Company jedoch gelungen, sich gegen die mächtigen Franzosen und Holländer durchzusetzen. Dabei wandte sie geschickt militärische Strategien und politische Konzepte an, die von den Holländern und Franzosen stammten. Indem sie jene Modelle gegen ihre eigenen Schöpfer anwandten, verschafften sich die Briten einen militärischen und politischen Vorteil auf dem indischen Subkontinent. Die Idee der Aushebung und Drillung gewaltiger Sepoy-Einheiten stammte von den Franzosen. Die Company hatte die restlichen Handelskompanien vertrieben und war zur alleinigen Handelsmacht in Indien aufgestiegen. Es war eine Frage der Zeit, bis die Briten auch territoriale Annektierungen tätigen würden.

Die Gelegenheit bot sich ihnen, als sich ein Streit mit dem damaligen Nawab von Bengalen Siraj-ud-daulah in einen militärischen Konflikt ausweitete und in der Einnahme der englischen Handelsstadt Kalkutta mündete. Die Briten schickten den im Rahmen der Franzosenkriege berühmt gewordenen Robert Clive, um Kalkutta zurück zu erobern. Im Jahr 1757 standen sich bei Plassey rund 1'500 englische Soldaten einer Übermacht von rund 40'000-50'000 indischen Soldaten unter dem Kommando des Nawab von Bengalen gegenüber. Trotz der erdrückenden Übermacht erlangten die Briten einen historischen Sieg, der grösstenteils auf die meuternden Truppenverbände der Nawab-Streitmächte zurück zu führen war. Nachdem auch die antibritische Koalition des Mogulimperators 1764 bei Buxar von den Briten geschlagen wurde und der Grossmogul Shah Alam II in einer pompösen Feierlichkeit den Briten die Diwani-Rechte über Bengalen übergab, war der Aufstieg der East-India-Company zur indischen Territorialmacht vollendet.

Die Briten herrschten fortan über ein Gebiet so gross wie Frankreich und England zusammen. Verschiedene Historiker streiten sich, ob der Machtzuwachs der Briten in Form der Diwani gewollt oder zufällig erfolgt war und ob er von Regierungsseite oder von den Eigeninitiativen der Männer vor Ort, den „Men on the Spot" geplant war. Dass die Briten schon gegen Aurangzeb Krieg geführt hatten, schliesst die Tatsche nicht aus, dass im frühen 17. Jahrhundert imperiale Ambitionen von Seiten der Krone für Indien formuliert wurden.

Die Diwani von Bengalen bescherten den Briten einen kometenhaften wirtschaftlichen und militärischen Aufstieg. Mit der Vergabe der Diwani steuerten aber auch gewaltige Probleme auf die Company zu, die für diesen gewaltigen Machtzuwachs nicht gerüstet war. Der Spagat zwischen einer rein profitorientierten Handelsgesellschaft und einem expansiven militärischen Verwaltungsapparat stellte sie auf eine Zerreissprobe. Die ausufernden Korruptionsskandale der Company-Angestellten und später des Generalgouverneurs Warren Hastings sorgten im britischen Heimatland für helle Empörung. Zu der masslosen Korruption gesellten sich teure militärische Vorstösse hinzu, die die Steuereinnahmen aus den Zamindars und den Handelsgewinn belasteten. Die Company verursachte ausserdem der indischen Wirtschaft immensen Schaden, indem sie deren Wirtschaftspotenzial durch unzumutbar hohe Steuersätze aushöhlte, Hungersnöte auslöste und die Verarmung der Bauern verschärfte. Durch mehrere Gesetzespakete wie den Regulating Acts versuchte die Regierung zwar den Problemen Einhalt zu gebieten, doch die grosse Distanz zu Indien verhinderte die Ausübung effektiver Kontrollmechanismen. Die Company wurde immer mehr in einen militärischen Apparat umfunktioniert, der für territoriale Eroberungen verwendet wurde. Warren Hastings führte radikale Umstrukturierungsmassnahmen durch, die die militärische Schlagkraft der Company, die Verwaltungsstrukturen der Company, das Rechtswesen auf indisch-britischem Gebiet und die wirtschaftliche Seite Indiens bedeutend veränderten und modernisierten. Nach der Abdankung Hastings 1784 wurden erneut aber schärfere Kontrollmechanismen von der Regierung verabschiedet, bis dann schliesslich Mitte des 19. Jahrhundert die British East-India-Company ganz aufgelöst wurde.

Die East-India-Company hatte einen einmaligen historischen Aufstieg in Indien erlebt, die mit der Diwani-Vergabe ihren Höhepunkt fand. Als die ersten militärischen Eroberungen getätigt wurden, begann die Umfunktionierung der Company in ein duales Hybridsystem eines profitorientierten Handelsunternehmens und eines militärischen expansiven Verwaltungsapparates. Das Experiment dieses dualen Hybridsystems stellte sich aber als eine zu schwere Bürde für die Company heraus, an der sie in den folgenden Jahrzehnten immer weiter zerbrach. Sie verkam immer mehr zum Arm eines militärisch expandierenden Empires, während der handelswirtschaftliche Kern in den Hintergrund rückte.

Literaturverzeichnis

- Ahuja, Ravi Die Erzeugung kolonialer Staatlichkeit und das Problem der Arbeit, Eine Studie zur Sozialgeschichte der Stadt Madras und ihres Hinterlandes zwischen 1750 und 1800, Franz Steiner Verlag, Stuttgart 1999.

- Alavi, Hamza Die koloniale Transformation in Indien Rückschritt vom Feudalismus zum Kapitalismus, (in) Traditionale Gesellschaften und europäischer Kolonialismus, (hrsg.) Jan-Heeren Grevemeyer, Syndikat, Frankfurt am Main 1981.

- Bayly, C.A. The New Cambridge History of India, Indian society and the making oft he British Empire, Cambridge University Press, Cambridge 1988.

- Crawfurd, John A Sketch oft he Commercial Resources and Monetary and Mercantile System of British India, with suggestions for their improvement, by means of Banking Establishments (1837), (in) The Economic Development of India under the East India Company 1814-1858, (ed.) K.N Chaudhuri, Cambridge University Press, Cambridge 1971.

- Förster, Stig Die mächtigen Diener der East India Company, Ursachen und Hintergründe der britischen Expansionspolitik in Südasien 1793-1819. Franz Steiner, Stuttgart 1992.

- Harcourt, Freda Flagships of Imperialism, Teh P&O Company and the Politics of Empire From ist Origins to 1867. Manchester University Press, Manchester and New York 2006.

- Innes, Joanna The Domestic Face oft he Military-fiscal state, Government and society in eighteenth-century Britain, (in) An Imperial State at War, Britain from 1686 to 1815. (ed) by Lawrence Stone, Routledge, London 1994.

- Kopf, David British Orientalism and teh Bengal Renaissance, The Dynamics of Indian Modernization 1773-1835, University of California Press, Berkeley and Los Angeles 1969.

- Krishna, Bal Was British Conquest of India Accidental?, (in) Bhattacharya, S. (ed.), Essays in modern Indian economic history.

- Mann, Michael Bengalen im Umbruch, die Herausbildung des britischen Kolonialstaates 1754-1793. Franz Steiner Verlag, Stuttgart 2000.

- Marshall, P.J. (ed.), The Writings and Speeches of Edmund Burke. Volume VII, India: The Hastings Trial 1789-1794, Oxford University Press, Oxford 2000

- Marshall, P.J. East Indian Fortunes, The British in Bengal in the Eighteenth Century, At the Clarendon Press, Oxford 1976.

- Marshall, P.J. The New Cambridge History of India II, Bengal: The British Bridgehead, Eastern India 1740-1828. Cambridge University Press, Cambridge 1987.
- Philips, C.H. The East India Company 1784-1834, Manchester University Press, Manchester 1940.
- Rothermund, Dietmar An Economic History of India, From Pre-Colonial Times To 1991. Routledge, London and New York 1993.
- Rothermund, Dietmar Der Strukturwandel des britischen Kolonialstaats in Indien 1757-1947. (in) Verstaatlichung der Welt, europäische Staatsmodelle und aussereuropäische Machtprozesse (hrsg.) Wolfgang Reinhard, R. Oldenbourg Verlag, München 1999.
- Roy, Tirthakar The East India Company, the World's Most Powerful Corporation, Penguing Books, India 2012.
- Wende, Peter Das britische Empire, Geschichte eines Weltreichs, C.H.Beck, München 2008.
- Winterfeldt ,Volker Die Konstitution des bürgerlichen Staats in Indien, Zum Verhältnis von Formbesonderung und Klassencharakter. Duncker und Humblot, Berlin 1987.

Abbildungsverzeichnis

- Titelbild: *Robert Clive and Mir Jafar after the Battle of Plassey, 1757*, http://www.npg.org.uk/collections/search/portrait/mw01347/Robert-Clive-and-Mir-Jafar-after-the-Battle-of-Plassey-1757.

9 783668 544567